W0077230

Gustav Peichl   Marginalien zur Architektur

hänssler

Weitere Bücher von Hans-Joachim und Ruth Heil:

Liebe kennt eine Grenze
Pb., 200 S., Nr. 854.161, ISBN 3-7751-9161-5

Die Geschichte zweier Menschen, Markus und Stefanie, die von dem Autorenehepaar auf dem Weg durch ihre Verlobungszeit begleitet wurden: Teile des Briefwechsels der damals Verlobten und Tagebuchauszüge lassen Sie an ihren Kämpfen, an ihrer Freude und tiefen Zusammenwachsen teilhaben! Diese Erfahrungen und Erlebnisse aus ihrer Verlobungszeit möchten Markus und Stefanie mit all denen teilen, die um die Einzigartigkeit der Liebe wissen und diese Kostbarkeit nicht leichtfertig verschenken wollen!

Bitte fragen Sie in Ihrer Buchhandlung nach diesem Buch!
Oder schreiben Sie an den Hänssler Verlag, D-71087 Holzgerlingen

hänssler

Teils sonnig, teils bewölkt
Heiteres und Besinnliches aus dem
Familienalltag
Pb., 104 S., Nr. 854.015, ISBN 3-7751-9015-5

Geschichten, die das Leben schrieb – heitere und besinnliche Geschichten und Erlebnisse mit Ehepartner und Kindern wurden dem Autorenehepaar zugetragen, die auch selbst einige persönliche Erfahrungen mit einbrachten.

»Jede dieser Geschichten kann ein Lernprozess auslösen, vorausgesetzt, Sie sind dazu bereit … Wenn es Ihr Wunsch ist, dass Ihr Ehepartner und Ihre Kinder sich ändern, hören Sie auf, darauf zu warten. Fangen Sie an zu handeln. Beginnen Sie zu geben. Lassen Sie dem grauen Alltag nicht die Chance, Ihre Ehe und Familie zu zerstören …«

Hans-Joachim und Ruth Heil

Bitte fragen Sie in Ihrer Buchhandlung nach diesem Buch!
Oder schreiben Sie an den Hänssler Verlag,
D-71087 Holzgerlingen

Gustav Peichl

Marginalien zur Architektur
Beiträge zur praktischen Theorie

Vorträge, Vorlesungen und Schriften
1980–1996

Verlag Christian Brandstätter · Wien

Die Deutsche Bibliothek – CIP-Einheitsaufnahme

Peichl, Gustav: Marginalien zur Architektur : Beiträge zur
praktischen Theorie / Gustav Peichl. - Wien : Brandstätter, 1997
ISBN 3-85447-654-X

Bildnachweis:
Uwe Rau (1), Ali Schafler (1), Schwingenschlögl (3), Georg Soulek (1)
Die Skizzen auf dem Umschlag und auf Seite 6 sind Entwurfsskizzen
für die Bundeskunsthalle Bonn, 1986.

1. Auflage 1997

Die Zusammenstellung der Texte besorgte Doris Frank,
das Lektorat Martina Paul, die technische Betreuung Franz Hanns.
Die Gesamtherstellung des Werkes einschließlich der
Reproduktion der Abbildungen erfolgte bei Druckhaus Grasl,
Bad Vöslau.

ISBN 3-85447-654-X
Christian Brandstätter Verlagsgesellschaft m. b. H.
A-1080 Wien, Wickenburggasse 26, Telefon (++43-1) 408 38 14

INHALT

Die Baugeschichte zeigt: Formen und Typen besitzen eine Autonomie, die sich jenseits gesellschaftlicher Verhältnisse, technischer Entwicklungen und paralleler künstlerischer Strömungen, ja selbst jenseits der Benutzung behauptet. So blieben die architektonischen Ordnungen über Jahrtausende weitgehend unverändert und wurden immer wieder verwendet, umgedeutet und neu zusammengestellt.

V. M. Lampugnani

Es gibt ganz landläufige Vorstellungen vom Designer und dem Design an sich. Das Zubehör zu diesen Vorstellungen stammt aus einer Art Requisitenkammer des Gestaltungstheaters. Das Wort Design selbst gehört in die Kategorie jener abgenutzten Modewörter, die unrichtig verwendet und falsch interpretiert werden – genauso wie die von den Verbalakrobaten benutzten Wörter konservativ, progressiv, bürgerlich, revolutionär, modern oder postmodern, funktionell u. a. m.

Glaubt man dem Lexikon, heißt Design Gestaltgebung. Näher erläutert als die bewußte Gestaltung von Maschinen, Apparaten, Werkzeugen und Hausrat, im weiteren Sinn auch die Gestaltung von Kleidung sowie von Architektur und Städtebau, wobei die gesamte freie Kunst dabei nicht einbezogen wird. Der Begriff Industriedesign entstand für die Gestaltung der Erzeugnisse, die ausschließlich oder doch fast ausschließlich für einen praktischen Zweck konstruiert wurden und auf deren äußere Erscheinung man lange Zeit nicht achtete. Gestalten heißt, etwas so bilden, daß seine äußere Erscheinung Gestalteigenschaft hat, wobei Form nur ein Teil der äußeren Erscheinung ist. Das Bestimmungswort industrial bzw. Industrie in Verbindung mit Design ist insofern irreführend, als es das Produkt auf industrielle Fertigung festzulegen scheint. Dabei kommt es nicht auf die Organisationsform des Herstellers an, denn technische Gestaltung ist ebenso auch ein Problem von Handwerksbetrieben. Der Wissenschaftszweig der technischen Morphologie sucht die Begriffe zu klären und das Ziel der technischen Gestaltung rational zu beschreiben und zu begründen.

Designer haben neuerdings durch die wachsende Bedeutung ihrer Tätigkeit die Neigung, die sozialen, politischen und kulturellen Gesichtspunkte nicht ausreichend zu berücksichtigen.

Die dem Design unerläßliche Zielstrebigkeit kann durch die einer einzigen staatlich anerkannten politischen Kraft unterstellte Planwirtschaft konsequenter verwirklicht und programmiert werden als von der im Wettbewerb belasteten Privatwirtschaft. Dabei entsteht gleichzeitig die Gefahr, daß die durch das Design zu erreichende Veränderung der Umwelt von politischen Machthabern mißbraucht und ausgebeutet wird.

Jede Veränderung oder jeder Umschwung in der geistigen Haltung einer Gesellschaft führt zu Formänderungen. Zwischen den Design-Systemen und den geistigen Strömungen einer Zeit besteht für Entwerfer und Verbraucher ein ursächlicher Zusammenhang. In jeder Entwicklung sind alle nicht künstlerischen Gebiete wie Geschichte, Soziologie, Naturwissenschaften oder Philosophie beteiligt, sie spielen durch die Tätigkeit des Künstlers in das gestaltende Schaffen hinein. Ändert sich ein Stil, so beruht diese Wandlung auf im Unterbewußtsein gründenden, neuen Neigungen oder Idealen. Jede Form ist ein Überbau der herrschenden geistigen Strömungen, eine Materialisation seelischer Bedürfnisse. Daher kann das Denken und Fühlen innerhalb eines Zeitabschnittes aus den bestehenden Formen abgelesen werden.

Funktion und Form in der Technik können im Design selten in echter und reiner Form erscheinen. Funktionalismus ist Funktionserfüllung ohne Rücksicht auf ästhetische Formen. Formalismus ist Überbetonung der Form ohne Funktionserfüllung. Design-Schöpfungen aber beruhen auf der Tätigkeit zwischen reiner künstlerischer Gestaltung und technischer Montage. Jene mit Design beschäftigten Künstler erklären gern, die Architektur sei nicht der Wissenschaft oder der Kunst zuzuordnen, sondern sei eine Äußerungsform des Designs. Vielleicht gilt dies von der angewandten Kunst, nicht aber von der Architektur. Kunst ist in der Wahl der Formen und Mittel völlig frei. Design aber ist praktische Realität und ästhetisch orientiert.

Die Überprüfung der Funktionen des Designs aus der Sicht politischer Zusammenhänge sowie die Verknüpfung beider Bereiche gehen nur über eine Analyse der gesellschaftlichen Verhältnisse bestehender Strukturen.

Die heutigen Tendenzen in Sachen Design und Architektur werden nur durch ein eingehendes Studium des Funktionalismus verständlich. Die Überlegung dieser Epoche beschäftigt sich hauptsächlich mit den Funktionen und mit der Konstruktion sowie mit technischem Ausbau, all das jedoch unter dem Gesichtspunkt der Nützlichkeit, manchmal auch unter dem ausschließlichen Nützlichkeitsstandpunkt.

In der Arbeit des Architekten jedoch wird sich in Zukunft das Schwergewicht mehr auf die künstlerische Seite zu verlagern haben und die Werte von Form und Raum stärker berücksichtigt werden müssen.

11

Abschließend fünf Thesen zu Design und Architektur:

1. *Design bezieht sich auf alle sinnlich wahrnehmbaren Phänomene.*
2. *Design-Stile sind die Handschrift der Menschheit.*
3. *Design kann Funktionsmängel nicht ersetzen, höchstens kaschieren.*
4. *Design kann nicht allein durch Funktionsausrede begründet werden.*
5. *Design-Gehabe in der Architektur ist überflüssig.*

ARCHITEKTUR DER ZUKUNFT – ZUKUNFT DER ARCHITEKTUR

Unter den vielen Klagen, die die angebliche kulturelle und geistige Abwärtsbewegung unseres Jahrhunderts betreffen, ist wohl das Schlagwort vom „Verfall der Architektur" eines der pointiertesten. Das Unbehagen der von der Architektur Betroffenen und das Versagen der Architekten selbst wurde zum Schlachtruf, der auch in der Presse der Bundesrepublik Deutschland seinen Wiederhall fand.

Ein tapferes Häuflein zeitgenössischer Baukünstler scheint nun der Meinung zu sein, die Rettung aus der Misere sei das, was man heute als die „postmoderne Erlösung" bezeichnet. Man meint, das historische Formenvokabular, das schon zu Ende der eklektizistischen Ära zum Sammelsurium geworden ist, könne außerhalb seines Kontextes wiederverwendet und „zum Reden" gebracht werden. Man nennt diese Anwendung dann verschämt „Zitat". Zitiert wird manchmal geistreich, manchmal geistreich-ironisch, oft aber plump und vordergründig, für mich zu oft plump und vordergründig. Man bemüht sich, leere, bildhaft besetzbare Formen und Zeichen zu einer Wiederbenützung ganz unverbindlich zu verwenden und ist bestrebt, durch einen neuen Historismus den „gängigen Historismus", die getadelte Allerweltsmoderne, abzulösen. Es wird sicher noch sehr lange darüber debattiert werden, wer oder was schuld ist an der Malaise des sogenannten „Internationalen Stils", der es ja war, der die klassische Moderne in Verruf gebracht hatte.

Es werden noch viele Symposien stattfinden, und es wird eifrig weiterdiskutiert werden, weshalb Mißverständnisse und Fehlinterpretationen die ursprüngliche Absichten der Moderne so grob verfälscht haben. Und der Le Corbusier-Verteidigungsminister Alfred Roth wird noch viel zu tun haben.

Bemühen wir uns, den Aufstieg und die Entwicklung der modernen Architektur, die zwischen Ratio und Emotion angesiedelt ist, zu verstehen, so sind für mein Credo vor allem zwei Persönlichkeiten von Bedeutung: Otto Wagner und Sigmund Freud. Es wird vom Beginn der Moderne sehr viel gesprochen, von der Bauhauszeit, von Le Corbusier – und von der Wiener Weißenhofsiedlung. Man vergißt jedoch leicht, daß es Otto Wagner war, der Ende des vorigen Jahrhunderts als erster den Begriff „moderne Architektur" prägte, und daß Sigmund Freud durch seine Lehren und Theorien zur selben Zeit beträchtlichen Einfluß nicht nur auf die Entwicklung der Psychologie, sondern auch auf die der Philosophie, Kunst und Architektur nahm. Wagner und

Freud haben so mit unterschiedlichen Ansätzen den Beginn der modernen Architektur beeinflußt und deren soziale wie technische Bedeutung damals schon erkannt.

Die Bezeichnung „postmoderne Architektur" – angeblich eine Erfindung des Architekturjournalisten Charles Jencks – halte ich für unzutreffend und falsch. Die Bemühungen zeitgenössischer Etikettierungsspezialisten, eine Bezeichnung für eine aus dem Unbehagen argumentierende Änderungsnorm zu erfinden, scheint mir noch verständlich. Die moderne Architektur jedoch, hervorgegangen aus der klassischen Moderne, einfach für tot zu erklären und quasi als Nachfolge eine neue, nostalgiegeschwängerte Stilphase folgen zu lassen, erscheint mir suspekt.

Wenn schon eingeteilt werden soll, stehen mit dem Wort „modern" drei mögliche Vorsilben zur Diskussion an: „pseudo", „post" und „para". Das lateinische Wort „post" heißt „nach" oder „hinter" („postskriptum", „posthum" oder „postmortem"). Die griechische Vorsilbe „para" bedeutet „neben", „bei" oder „abweichend". Darauf aufbauend, kann folgende These aufgestellt werden: Es kann ein neu eingeteiltes Architekturbild – eine neue „Richtung" oder „Entwicklung", die parallel zur zeitgenössischen modernen Architektur eingeordnet wird – nur als „nebenher" oder „nebenbei" und nicht als „nach" („post") bezeichnet werden, da die moderne Architektur sicher nicht als beendet angesehen werden kann. So nenne ich die sogenannte „Post-Moderne" nicht „post" („nach"), sondern „para" („neben"), eben die „Para-Moderne".

Eine aus (vielleicht berechtigtem) Aufbäumen gegen Fehlentwicklungen des banalen Internationalen Stils der letzten Jahrzehnte entstandene Sucht nach Neuordnung – und die Tätigkeit der Süchtigen – kann mehrfach mit der Vorsilbe „para" erläutert, verstanden und bewiesen werden. Beobachtet man kritisch die propagierten Ergebnisse der tapferen Stilakrobaten, kommt einem zunächst das Wort „Paraphrase" in den Sinn.

„Paraphrase" nennt man eine Auseinandersetzung mit einem bestimmten Kunstwerk, die Inhalt, Form und Technik verändern kann und die mit oder ohne persönliche Handschrift des nachschaffenden Künstlers eine schöpferische Leistung wiederholt, nachahmt oder verfremdet.

Ein anderer Begriff aus der Welt der dramatischen Kunst ist das Wort „Parabase". „Parabase" ist ein wichtiges Bauelement der klassischen Komödie, und zwar die Unterbrechung einer Komödienhandlung. Der Chor und die Schauspieler einer Komödie wenden sich unmittelbar an das Publikum, um zu aktuellen Ereignissen Stellung zu nehmen oder die Absichten des Komödiendichters neu zu interpretieren (Mayers Lexikon).

„Paradox" wiederum heißt „der gewöhnlichen Meinung entgegen", oder „widersinnig und verwunderlich" (wie es Cicero schon interpretierte).

Letztlich noch der Vergleich „Psychologie" und „Parapsychologie" in Analogie zu „modern" und „paramodern". „Para-Medizin" ist eine Bezeichnung für alle gegenüber der anerkannten medizinischen Lehre abweichenden Auffassungen. Die Parapsychologie ist im

Unterschied zur Psychologie die Lehre von okkulten Erscheinungen. Die parapsychologischen Phänomene sind wissenschaftlich nicht anerkannt. Zum Themenkreis der Parapsychologie gehören modische okkulte Überlieferungen genauso wie Phantastereien und Magie.

Womit wir wieder bei den Magiern der gegenwärtigen Kunstszene, der Szene des Augenmaßes, angelangt sind. Die übereifrigen Zwangseinteiler dieser Szene stellen nicht das inhaltliche, sondern das formale Problem – das davon nicht zu trennen ist – in den publizistischen Vordergrund. Sie bejubeln die Virtuosität statt der Kreativität. Wie überhaupt es sehr in Mode gekommen ist, das Virtuose anzuerkennen und das Kreative zu vergessen. Was Leon Krier und die vielen kleinen „Krierchen" heute machen, ist ganz sicher hervorragende Virtuosität – es ist aber ebenso sicher keine Kreativität.

Ob die unterschiedlichsten Protagonisten wollen oder nicht, es wird ihnen der Stempel der Gemeinsamkeit aufgedrückt. Sie alle werden zu Postmodernisten erklärt.

MARGINALIEN ZUR ARCHITEKTUR

Die sogenannte Öffentlichkeit unterscheidet durch die Ausritte in den Medien im kulturellen Bereich eigenartigerweise Hochkultur und Volkskultur.

Hochkultur und Volkskultur gegeneinander auszuspielen, ist nicht neu. Neu daran ist schlimmstenfalls, als dritte Fraktion die sogenannte Alternativkultur ins Spiel zu bringen, was mir freilich als ein unbegründeter Sezessionismus erscheint, weil Alternativkultur Teil der Volkskultur oder gar keine ist. In der Kulturgeschichte läßt sich leicht nachweisen, daß Volkskultur und Hochkultur nie Gegensätze waren, sondern einander bedingten und befruchteten.

Die heutige Gesellschaft, zynisch Beifallsgesellschaft genannt, legt Wert oder Unwert auf den Begriff „Elite". Die Prominenten sind eine für heute sehr wichtige Menschengruppe. Sie macht jene Gebärden und Schnörksel, die früher eine Elite besorgte, täuschend ähnlich nach, ohne den Drang nach Gleichmacherei zu verletzen. Die Kulturbetroffenen – das Publikum, die Leser –, die ohne Prominenz nicht leben wollen, sehen es nicht gern, wenn nach Begabung und Leistung unterschieden wird, daß also eine echte Auslese zustande kommt.

Das Publikum legt großen Wert darauf, daß ihm täglich das Schauspiel eines Lebensstils, der der Elite entlehnt scheint, vorgeführt wird. So kann man Prominenz als eine Zeiterscheinung definieren, die nicht durch Auslese, sondern durch Beifall gefördert wird. Der Publizist Friedrich Sieburg bringt dieses Phänomen mit einem scharfsinnigen Satz auf den Punkt: „Eliten kommen durch Leistung zustande, Prominenz durch Beifall."

Große Teile der Öffentlichkeit in Kunst und Medien wehren sich zwar gegen Eliten, fühlen sich aber denkbar prominent. Die Definition des Begriffes Kunst fällt der Öffentlichkeit und den Medien schwer.

Wir sind im Spannungsfeld zwischen Elite und Prominenz angewiesen auf jene Zuständigkeit, die der Wiener Kunstexperte Otto Mauer auf die Frage eines Reporters so definierte: „Kunst ist, was ein Kenner dafür hält."

Vor neunzig Jahren verfaßte der Wiener Architekt Otto Wagner seine berühmte Schrift „Moderne Architektur". Wagner regulierte den Stellenwert der Baukunst und begründete damit die klassische Moderne.

Vor neunzig Jahren gab es noch keine Flugzeuge und Tonfilme, keinen Bypaß und keine Astronauten, keine Atomkraft und Waschmaschine, auch keine Computer und kein Fernsehen. Erst die Anschaffung und der Gebrauch der Elektronik hat uns den Allerweltsbegriff „Medien" beschert. So sind wir von der wahren Landschaft in die Medienlandschaft gestolpert. Das Leben aber ist anders als auf Papier und Bildschirm. Friedrich Nitzsche hat diesbezüglich in seiner Vorrede zu „Jenseits von Gut und Böse" dem Journalismus schwere Vorwürfe gemacht. „Die Deutschen", so schrieb er, „haben das Pulver erfunden – alle Achtung! Aber sie haben es wieder quitt gemacht – sie erfanden die Presse."

George Orwells großen Bruder treffen wir in den Massenmedien wieder: in Nachrichtenmagazinen, Illustrierten und Boulevardblättern, aber auch im öffentlich-rechtlichen Radio und Fernsehen. Nimmt man einige Feuilletonseiten überregionaler Zeitungen aus, ist es mit der Kulturberichterstattung über die Architektur traurig bestellt.

Die Medienmacher wissen alles. Und sie wissen alles besser. Egal ob Print oder Elektronik, jahraus, jahrein singen sie das Eigenloblied ihrer Unersetzlichkeit. Die Schattenseiten dieser Entwicklung aber werden dort deutlich, wo zur allgemeinen Nivellierung aufgerufen wird. Die ausgewählten Zampanos der Journalistik berufen sich auf das zu schützende Gut der Pressefreiheit, nützen das geduldige Papier, geduldige Lautsprecher und Bildschirme für ihren massenmedialen Alltagsbefund. Für diese Medienlandschaft gilt der Satz von Leszek Kolakowski, der in einfachen Worten erklärt, weshalb alle den Begriff „Gesellschaft" so lieben: „Die Gesellschaft ist an allem schuld, und weil niemand die Gesellschaft ist, ist niemand schuld."

Die Easyriders des Enthüllungsjournalismus galoppieren auch in Kunst- oder Architekturfragen. Sie interessieren sich nicht für die architektonischen oder gestalterischen Leistungen, sie sind nicht notwendiges Korrektiv, sie befassen sich erst dann mit Fragen der Architektur und des Bauens, wenn es um Wohnbaupleiten oder Korruptionsaffären geht. Statt sich mit den wahren Aufgaben der Baukunst auseinanderzusetzen, befassen sich die Meinungsmacher lieber mit Bauskandalen als mit den beachtenswerten inhalt-

19

lichen Leistungen der gestaltenden Berufe. „Es gibt Journalisten, die mehr Meinung als Wissen haben", lautet das zutreffende Zitat des ehemaligen ORF-Generalintendanten Gerd Bacher.

Gesellschaftspolitische Highlights entstehen im Dreiecksnetz Bauherr–Politiker–Architekt. Wir Architekten erleben uns in dieser Gesellschaft als deren liebster Sündenbock und Prügelknabe. Wir sind auch kein einig Volk von Brüdern. Das Unbehagen der Architekten in der industriellen Gesellschaft ist ebensogroß wie das Unbehagen der industriellen Gesellschaft mit den Architekten und ihrer Architektur. Die Verschränkung von Politik, Gesellschaft und Architektur ist in vollem Gange, und der Fortschrittsglaube der Politiker ist in den letzten Jahren nahezu ebenso radikal gewachsen wie die Expansion des sogenannten „Fortschritts" selbst. Wenn von Fortschritt gesprochen wird, frage ich mich, wessen Fortschritt? Im Alibiwind der ökonomisch-gesellschaftlichen Erfordernisse wird heute geplant und organisiert, delegiert, soziologisiert, administriert, politisiert und neuerdings mit Vorliebe auch partizipiert. Auf der Strecke bleiben die lustvolle Architektur und ihre Benützer.

Die engagierte Diskussion und die Motivation in der von den Massenmedien besetzten Zeit spielt sich heute am bewegtesten in den Auseinandersetzungen um die Architektur ab. Nicht die Malerei oder Bildhauerei, nicht die Musik, die Theatermacher oder Cineasten sind es, die heute aufregen oder bewegen. Es sind die Bauten, von denen die Menschen heute am meisten betroffen sind und am meisten beeinflußt werden.

Architektur und Bauen ist eine Verpflichtung für jeden, der beauftragt, der plant, herstellt, benutzt oder beurteilt. Architektur stellt unverzichtbare Ansprüche an jeden einzelnen und kann nie allein auf den Auftraggeber bezogen sein, denn wer für sich ein Innen baut, baut für die Allgemeinheit ein Außen.

Der common sense, der gesunde Menschenverstand teilt die Geistestätigkeiten in die auf Vernunft beruhenden wissenschaftlichen und die auf Gefühl und Intention beruhenden künstlerischen Tätigkeiten ein. Von allen Künsten aber ist die Architektur diejenige, in der es am wenigsten möglich ist, Rationalität auszuschließen.

Ein Bau muß pragmatische und konstruktive Bedingungen erfüllen, die den Bereich umschreiben, wenn nicht gar bestimmen, in dem die Imagination des Architekten arbeitet. Bis zu welchem Grad die Arbeit des Architekten rational genannt werden kann, hängt weniger von der Anwendung „rationaler" Kriterien ab als vielmehr von der Wertigkeit dieser Bedingungen innerhalb des ganzen Prozesses des architektonischen Entwurfs.

Wir leben in Bauten, die unser Tun und Denken beeinflussen, ohne daß uns dieser Vorgang bewußt wird. Die Wirkung eines Bauwerks bleibt dem forschenden Verstand unzugänglich, wird aber täglich erlebt oder erlitten, je nach Qualität der Architektur, und schafft entweder Harmonie oder Chaos.

Zwei wichtige Persönlichkeiten der ersten Dezennien unseres Jahrhunderts haben Kultur- und Gesellschaftspolitik auf unterschiedliche Art geprägt.

Die beiden Zeitgenossen und Gegenpole Sigmund Freud und Otto Wagner stehen für Emotion oder Intuition einerseits, Ratio andererseits, wobei ich selbstverständlich nicht behaupten möchte, daß der eine nur Herz und der andere nur Hirn einsetzte.

Eine Behauptung aber stelle ich zur Diskussion: Die Entstehung eines Entwurfs für ein Bauwerk ist weder allein durch Ratio noch allein durch Emotion möglich. Unter Ratio verstehe ich Verstand, Vernunft, aber auch Grund und Zweck, das verstandesmäßig Durchdachte, das Zweckmäßige, das wissenschaftlich Begründete. Unter Emotion möchte ich das Gefühlsbetonte verstanden wissen, das gefühlsmäßig Entstehende, und Intuition, so meine ich, ist das über das technische Können herausragende Vermögen künstlerischer Formkraft. Ohne diese Formkraft scheint mir Architektur nicht möglich.

Bei Otto Wagner sind Konstruktionsprinzip und Funktionserfüllung zum künstlerischen Stilmittel geworden. Durch das Zusammenwachsen von neuzeitlicher Technik und künstlerischer Imagination entstehen architektonische Highlights besonderer Art.

Das Ideologische in Sachen Kunst und Architektur besteht in den Ideen- und Wertprinzipien, die Einfluß auf die Zweckerfüllung einer gesellschaftlichen Ordnung ausüben. Kein Gesellschaftssystem jedoch ist nur durch eine Ideologie allein geformt. Das Ideologische wirkt lediglich als Resultante von verschiedenen grundsätzlichen ideologischen Richtungen. Das ist das Dilemma der Kunstschaffenden und der Kunstkonsumenten.

So ist Architektur als Kunst nicht vorrangig zweckgebunden, sondern rückt den Zweck zurecht, wodurch ein wirkliches Kunstwerk entsteht, ohne den Zweck triumphieren zu lassen.

Die moderne Architektur springt von allen modernen Künsten wohl am meisten ins Auge. Ob wir sie goutieren oder nicht, sie ist überall rund um uns. Sie mag abgewirtschaftet haben, sie mag banal und langweilig sein, aber sie betrifft uns alle.

Der Wandlungsprozeß in der Architektur geht mit einer neuen Aufmerksamkeit einher, die dem Baugeschehen in der Öffentlichkeit gilt. So werden zum Beispiel die ungeheuren Bauaktivitäten in der Bundesrepublik Deutschland hauptsächlich als wirtschaftlicher, nicht jedoch als kultureller Faktor registriert.

Funktion und Form in der Technik können bei Bauwerken selten in echter und reiner Form erscheinen. Funktionalismus ist Funktionserfüllung ohne Rücksicht auf ästhetische Formen. Formalismus ist Überbetonung der Form ohne Funktionserfüllung.

Keine ökonomische, technische oder soziologische Strömung hätte eine Villa Savoy, einen Barcelona-Pavillon oder eine Philharmonie erschaffen können. Ohne individuelle schöpferische Akte der Meisterarchitekten gibt es die sogenannte klassische Moderne in der Architektur nicht.

Soll unsere räumliche Umwelt nicht einen zunehmenden Verlust an Sinnlichkeit erleiden, darf unser Streben nicht allein auf die Schaffung guter Architektur gerichtet sein. Wir brauchen einen aktiven Denkmalschutz, der historische Bauten revitalisiert, indem er sie mit neuem Sinn erfüllt. Deshalb müssen wir neben der Erhaltung des guten Alten das gute Neue schaffen.

Ohne Zweifel umfaßt das Interesse an historisch gewachsener Architektur – abgesehen von der baukünstlerischen Bedeutung – auch emotionelle Elemente: Die Verbundenheit mit der Vergangenheit, die Freude an guter Gestaltung und die Harmonie gewachsener Strukturen tragen zur sogenannten „Lebensqualität" bei. Historische Bauwerke ermöglichen dem Menschen die Identifikation mit seinem Lebensraum und verfügen über eine besondere atmosphärische Qualität.

Diese Gesichtspunkte gewinnen immer mehr an Aktualität in einer Zeit, in der mehr denn je soziologische Elemente und Überlegungen die architektonische Umweltgestaltung beeinflussen, ohne daß hiedurch die Bedeutung eigenständiger und selbstbewußter neuer und zukunftsorientierter Architektur übersehen werden darf.

Als kleinen gedanklichen Beitrag möchte ich als Conclusio drei kurze Thesen vorlegen:

1. *Architektur ist Kunst. Architektur ist jene Kunst, die nützlich ist.*
2. *Architektur entsteht im Spannungsfeld zwischen Ratio, Emotion und Intuition.*
3. *Architektur wird nicht von Architekten allein gemacht, sondern bedarf der Zusammenarbeit aller schöpferischen Kräfte.*

In der heute üblichen Spezialisierung und Differenzierung der Wissenschaft und Künste haben sich einige spärliche Reservate der Universalität erhalten. Zu ihnen zählt die Architektur. Die oft diskutierte Streitfrage, ob die Architektur zur Kunst, zur Technik oder zur Wissenschaft zu zählen sei, ist müßig, denn Architektur kann man nicht nur einer dieser Kategorien zuzählen, sondern nur allen. Sie umfaßt nicht nur Kenntnis vom Bauen im wahrsten Sinn des Wortes, sondern ist zugleich Gestaltung und geistige Bewältigung des gesamten Lebensraumes des Menschen. Damit wird die notwendige Universalität der Architektur verständlich.

Mit den Aktivitäten in den ersten Jahrzehnten des 20. Jahrhunderts nahmen im Bereich der Architektur die künstlerischen Initiativen für ein aktives Experimentieren unter Zuhilfenahme von Wissenschaft und Technik ihren Anfang. Die Gegenwart der Architektur ist von der Gegenwart der technischen und gesellschaftlichen Entwicklung nicht zu trennen. So wird die Architektur der Zukunft zwischen Ratio und Emotion angesiedelt sein. Ohne Ratio und ohne Emotion gibt es keine Architektur.

Als Adolf Loos 1908 die „American Bar" im Kärntnerdurchgang im ersten Wiener Gemeindebezirk errichtete und ein Sternenbanner als optisches Zeichen auf die Fassade setzte, machte sich die „Neue Freie Presse" darüber lustig und schrieb von einer „Parodie". Heute wissen wir, daß es dem Verfasser der polemischen Glosse an Vorstellungskraft und Weitblick fehlte. Mittlerweile ist der Irrtum korrigiert, und das Portal gilt als anerkanntes Beispiel von ökonomischer Funktion und Architektur. Es liegt mir fern, beispielhaft zu formulieren, es liegt aber nahe, die Vorstellungskraft und den Weitblick heutiger Architekturkritiker anzuzweifeln, die ebenfalls „Parodie" rufen, wenn eine Goldkugel als „Zeichen" über dem Portal eines Kunstforums schwebt. Es sollte erlaubt sein, Humor und Originalität an Stelle von altlastiger Scheuklappensicht zu fordern.

Besonders schwer tun sich jene Architekturkritiker, die als Einteilungsspezialisten die unterschiedlichsten Architekturleistungen der letzten Jahre mit dem Etikett „Post-Moderne" versehen haben. Paradoxerweise verwenden oberflächliche Kritiker die bereits ausgelaufene postmoderne Architekturentwicklung als Schubladenetikett für alles „Gestaltete".

Das aus Amerika importierte Schlagwort von der „Post-Moderne" ist ungeeignet, die Probleme der Architektur in ihrer Gesamtheit zu erörtern. Die sogenannte „Post-Moderne" ist lediglich die vordergründige Dekoration ohne Rücksicht auf Material und Funktion. Nostalgische Bedürfnisse lassen die postmodernen Architekten zu Dekorateuren und Maskenbildnern werden. Szenographische Inszenierungen verdrängen die „Poesie des Konstruktiven". Die historischen und eklektizistischen Perspektiven verdrängen jene Aufgaben der Architektur, die in Zeiten der sogenannten „klassischen Moderne" bereits gelöst wurden. Unter dem Deckmantel der postmodernen Architektur schaffen die Architekten landauf, landab, genährt von publizistischem Applaus, ein Stil-Chaos, das von Zufälligkeit und unlogischen Ergebnissen dominiert wird.

Diese Camouflage-Architektur versucht, durch ideologische Vermarktung und Rückgriffe auf altes Vokabular Funktion, Inhalt und Technik zu vernachlässigen. Nicht die geistige Dimension, nicht der soziale Inhalt und nicht der kulturelle Stellenwert ist den Magiern dieser Szene des Augenmaßes wichtig, sondern die Attraktivität an sich. Eklektizistischer Firlefanz und kosmetischer Schwindel degradiert die Dimension zusätzlich zu einer Mini-Monumentalität. Das und nichts anderes ist die „Post-Moderne".

Ich will keine Postmoderner sein, mir genügt das Erfüllen der Funktion und die Materialgerechtigkeit, ohne jedoch auf „Formen" und eigenständige Physiognomie in der Gestaltung verzichten zu wollen.

Die Schönheit als Qualitätsmerkmal entsteht aus der direkten Beziehung von Form und Funktion, aus den Materialeigenschaften und aus der sinnvollen Konstruktion.

Technische Klarheit ist nicht Phantasiearmut, sondern Ansporn zur Phantasie. Nicht Formenfetischismus, sondern „Schönheit durch Technik", entstanden durch Freude an Gestaltung, gilt es zu frönen.

Die frühen Architektenarbeiten der ersten Dezennien unseres Jahrhunderts erweisen sich heute als überraschend aktuell und beweisen, daß die Verdammung der Funktion zugunsten ausschließlich signalhaften und gestalthaften Bauens falsch ist. Der gute, der dienende Bau ist die Folge konsequenter Übereinstimmung von Form und Funktion mit spezifischer Detailkenntnis, aber mit dem Bekenntnis zur Form. Außer der Konstruktion macht die Funktion die Kon-

flikte im Planungsprozeß interessant, und Konflikt-
lösungen bestimmen – zwischen Ratio und Emotion –
das Erscheinungsbild der Bauaufgabe. Wichtig scheint
mir, wie weit man den Begriff „Zweck" auffaßt – einerseits im Sinne einer hohen funktionellen Gebrauchs-
fähigkeit, andererseits im Sinne einer gesellschaftsbil-
denden Kraft. So wird der Zweck eines Bauwerks unmittelbar auch zu einem ästhetischen Faktor.

DER QUADRATBÜRGER JOSEF HOFFMANN

Josef Hoffmann hielt auf gute Umgangsformen. Zu vor-
gerückter Stunde soll er jedoch auch derben Späßen
nicht abgeneigt gewesen sein. Oft sah man ihn in
Begleitung attraktiver Damen. Seine Kleidung war ge-
diegen; er trug kaum andere Farben als Grau, Schwarz
und Weiß.
    Ich erinnere mich seines Auftritts 1953 beim legen-
dären Gschnasfest in der Wiener Secession. Der
Altmeister saß – mit Girardihut, elegantem Spazier-
stock und Zwicker – unmittelbar am Rande des Tanz-
bodens, lächelnd, sehr würdig, die wilden Tänze der
Jugend beobachtend und zwischendurch kurze, kluge
Bemerkungen von sich gebend.
    Nach Leopold Wolfgang Rochowanskis Studie zu
Josef Hoffmanns 80. Geburtstag (1950) erinnert die
Kombination schwarzer und weißer Quadrate an das
Wappen der Familie Colalto auf dem Schloß Pirnitz in
Mähren. – Jenes kleine Land Mähren, aus dem viele
Geistesgrößen Österreichs kamen wie beispielsweise

Adolf Loos, Joseph Maria Olbrich, Leopold Bauer, die Brüder Gessner, Sigmund Freud oder, ebenfalls aus Pirnitz, Gustav Mahler. Zwischen der Patrizierfamilie Hoffmann und den Fürsten Colalto besteht 1870, in Hoffmanns Geburtsjahr, eine bereits hundert Jahre dauernde erfolgreiche (Geschäfts)Beziehung: Die Hoffmanns waren Verwalter der Colaltos und gleichzeitig Partner beim Betrieb einer Spinnerei sowie einer Kattunfabrik mit Handdruck.

Vierzig Jahre danach waren die weißen und schwarzen Quadrate zum weltbekannten Markenzeichen des Architekten Josef Hoffmann geworden.

Zum Unterschied von Otto Wagner und Adolf Loos hat Josef Hoffmann keine theoretischen Arbeiten verfaßt, die einer Diskussion über sein Werk hätte Nahrung geben können. Sowohl bei seiner eigenen Produktion als auch bei seiner Lehrtätigkeit an der Wiener Kunstgewerbeschule (1899–1936) verließ er sich auf die Intuition und vertraute der „glückspendenden Macht der Schönheit" (Eduard Sekler). Da er aber seit dem Ersten Weltkrieg – mit wenigen Ausnahmen – keine spektakulären Bauten mehr realisieren konnte (und ferner die Wiener Werkstätte 1932 liquidiert werden mußte), gab es nichts Neues zum Schauen und Fühlen, und Josef Hoffmann verschwand zusehends aus dem Bewußtsein der österreichischen Kunstszene.

Die Brüsseler Familie Stoclet erteilte 1905 Josef Hoffmann den Auftrag zur Planung eines Palais. Nach Meinung vieler Kritiker übertrifft dieser Bau, der 1911 fertiggestellt wurde, in einfacher Großartigkeit alle anderen Werke Hoffmanns.

Vielfältig verwendete Quadrate kennzeichnen auch hier Grundriß und Fassade, doch sind sie im Inneren nicht mehr das vorherrschende Gestaltungsprinzip. Ein Turm, elegant zusammengesetzt aus Quadern, überragt den Bau, dessen Fassade mit weißem Marmor verkleidet ist. Vergoldete ornamentierte Bronzebänder überdecken die Kanten und betonen so das strahlende Weiß. (Im übrigen ist das Palais inklusive der gepflegten Gartenanlage noch vollständig erhalten.)

Die Inneneinrichtung stammt ebenfalls von der Wiener Werkstätte. Allein die Ausstattung der großen Halle (7,20 m hoch), des Speisesaals, des Theatersaals sowie des großen Bades ergibt eine mittlere Wiener Werkstätten-Ausstellung. Für unseren heutigen Geschmack erscheint die ausgiebige Verwendung edler Materialien (verschiedener Marmor und diverse Tropenhölzer) eher exzessiv zu sein. Giulia Veronesi spricht von einem „Raffinement, das bis an die Grenzen der Dekadenz geht".

Josef Hoffmann, der nie Manifeste verfaßte, arbeitete als Verächter theoretischer Erklärungen nach einem überschaubaren Programm, das sich in einem einzigen Satz zusammenfassen läßt: „Das Werk soll zweckmäßig, materialgerecht und zeitgemäß sein."

Er hatte nie öffentlich dem Ornament abgeschworen, und deshalb finden wir so manchen Schmuck – vor allem an und in Bauten für private Auftraggeber –, etwa beim Wohnhaus Skywa-Primavesi (1915/16), wo die Vertäfelung der großen Halle Beeren-, Pflanzen- und Blumenmotive zeigt und die Heizkörper mit filigranen Blenden verkleidet sind.

Die Villa Knips (1924/25) überzeugt durch die Spannung zwischen Außen und Innen. Während die Fenster der Gartenfassade eigenwillig versproßt sind – dieser Effekt wird durch das Balkongeländer über dem Vorbau noch verstärkt, von den Weintrauben auf der Fassade ganz zu schweigen –, freuen wir uns über völlig schmucklose Holzwände und Möbel im Inneren.

Während so manches Hoffmann-Sitzmöbel an die gouvernantenhafte Ermahnung erinnert: „Sitz gerade, lümmle nicht!", trägt sein Bemühen um eine geordnete Umgebung des Bauwerks angenehmere Früchte in Form von Garten- und Parkanlagen. Bei ihrer Planung bezog Josef Hoffmann den vorhandenen Baum- und Strauchbestand mit ein.

Intuitives Ordnungsgefühl befähigte ihn jedoch auch zum Gestalter von zahlreichen Ausstellungen. Die Ergebnisse dieser Tätigkeit waren nicht nur in Wien im Rahmen der Aktivitäten der Secession zu sehen. Hoffmann entwarf und realisierte auch Präsentationen in fast allen wichtigen Ländern Europas sowie in Übersee (USA, Buenos Aires). Er zeichnete verantwortlich für die architektonische Gesamtplanung der Kunstschau Wien (1908), die sich auf dem Gelände ereignete, auf dem heute das Konzerthaus und Akademietheater stehen. Er entwarf den österreichischen Pavillon auf der Internationalen Kunstausstellung in Rom (1911), das Österreich-Haus auf der Deutschen Werkbundausstellung in Köln (1914) sowie den Pavillon auf der Internationalen Kunstgewerbeausstellung in Paris (1925). Bis heute erhalten (und in gutem Zustand) ist der Pavillon für die Biennale in Venedig (1934).

Das Quadrat, jene einfache und selbstverständliche geometrische Figur, war für Josef Hoffmann einerseits ein „Entwurfsbehelf", darüber hinaus aber auch ein graphisches und dekoratives Element, mit dem er Inhalte und Funktionen formulierte. Seine ars formulandi war eine sensible und überzeugende.

Heute, nach dem Unterschied zwischen österreichischer und deutscher Architektur gefragt, gilt die Antwort: Der Unterschied zwischen „österreichisch" und „deutsch" findet sich im „sensiblen Quadrate" von Josef Hoffmann und dem „strengen Quadrat" von O. M. Ungers.

ICH WILL KEIN POSTMODERNER SEIN

Es wird mir immer wieder unterstellt, daß ich ein Postmoderner sei. Ich werde versuchen darzulegen, weshalb ich kein Postmoderner sein will, wobei ich vorausschicken möchte, daß es mir wichtiger ist, den Leser anzusprechen als zu überzeugen.

Der Architekturkritiker und Lustschreiber Charles Jencks hat in seinem schönen, großen Buch – ein umfangreiches, großformatiges Kunstwerk – freimütig alles und alle eingeteilt – auch mich. Ich habe ein Postmoderner zu sein! Jedoch weiß ich beim besten Willen nicht, was ein Postmoderner ist und was Postmodernismus eigentlich bedeutet.

Zum ersten also weiß ich nicht, was der Begriff „postmoderne Architektur" aussagen soll, und zum zweiten will ja ohnehin niemand mehr ein Post-

Haus des Architekten, Wien-Döbling, Himmelstraße, 1962.

33

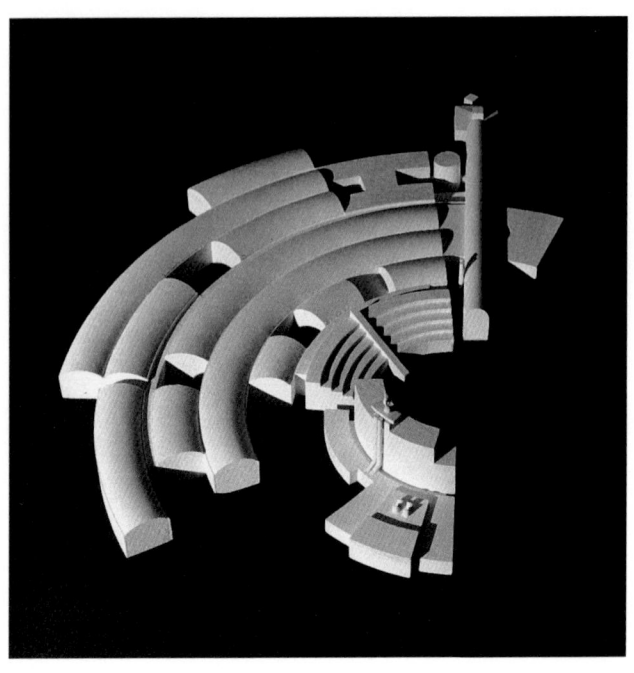

Technisches Museum Mannheim, 1982, Modell.

Erdefunkstelle Graßnitz bei Aflenz, Steiermark, 1976-1979.

35

Atriumschule in der Krim, Wien-Döbling, 1961-1964.

Schule am Wienerberg, Wien-Favoriten, 1987-1989.

ORF-Landesstudio Salzburg, 1969-1972, zentrale Halle.

Phosphateliminationsanlage, Berlin-Tegel, 1980-1985.

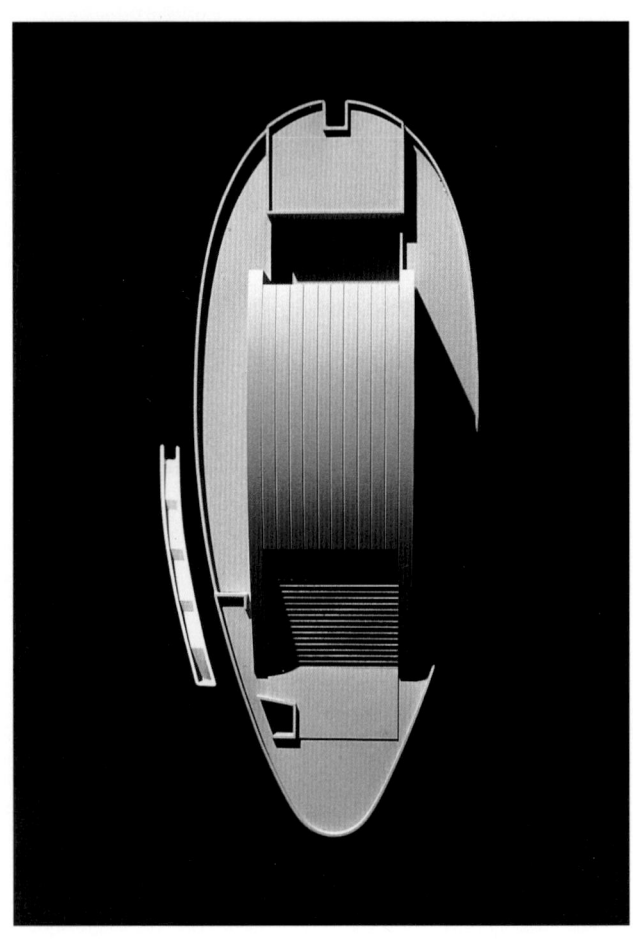

Theater der Stadt Gütersloh, Wettbewerb 1993, Modell.

40

moderner sein. Als ich Charles Moore einmal fragte, ob er eigentlich ein Postmoderner sei, antwortete er: „Nein, nein, ich nicht!" Auch Graves verneinte, wie auch Stern, Tigerman, Portoghesi und Hollein. So schiebt es einer auf den anderen. Anläßlich der Salzburger Sommerakademie 1982 waren an einer Diskussion Wilhelm Holzbauer, Joseph Paul Kleihues, der großer Berliner Zampano, der Entertainer Leon Krier (der meint, die Architektur sei am Ende), der Schweizer Bruno Reichlin, Gino Valle aus Venedig und ich beteiligt. Die Diskussion lief so ab, daß zum Titel „Wege oder Irrwege" jeweils der Referent meinte, die Architektur der anderen seien die Irrwege, und nur seine eigene Architektur der richtige Weg. Genauso ist es auch mit dem Postmodernismus. In der südöstlichsten Ecke dieser freien westlichen Welt, aus der ich stamme, haben wir das Glück, alles viel später zu bekommen. Wir machen die großen Geschäfte später, der Bauboom entwickelt sich später und sogar die Rezession stellt sich erst später ein. Auch die sogenannte Postmoderne oder Para-Moderne hat bei uns erst sehr viel später begonnen. Vielleicht hört sie schon wieder weltweit auf – dann bräuchten wir sie gar nicht mehr!

Die Verfechter der postmodernen Architektur sind auf Funktion und Technik schlecht zu sprechen. Sie verteufeln all das, was man heute unter „Technik" versteht. Sie lehnen die Berücksichtigung der Funktion ab mit der Behauptung, wer funktionell baue, sei ein Funktionalist, ohne zu erklären, was ein Funktionalist ist. Man nennt sich oder andere Postmoderne, was ja unterstellt, daß es die Moderne nicht mehr gibt. Gegen diese Ansicht möchte ich vehement Stellung nehmen und meine, daß die klassische Moderne nicht tot sein kann. Hier liegt eine Verwechslung vor. Denn wenn wir von der Moderne sprechen, müßte es doch so sein, daß wir die klassische Moderne meinen und nicht den internationalen Allerweltsstil. Die klassische Moderne unter Berücksichtigung der funktionellen Vorgaben und des technisch richtigen Lösens der Probleme ist meines Dafürhaltens nach eine der wesentlichsten Errungenschaften der Architektur.

Erst wenn die Funktion erkannt und berücksichtigt wird, kann der Planer an weitere Dinge denken und erst dann beginnt, so meine ich, die Architektur. Wesentlich für mich ist die Aufwertung des Stellenwerts der Kunst in Sachen Architektur. Das sind für mich nur einige der Gründe, um gegen die dekorationsreiche Camouflage-Architektur der Postmodernen zu sein.

Ich möchte ein praktizierender Architekt sein, der gerne zeichnet. Die Zeichnung soll jedoch nicht zu l'art pour l'art erhoben werden, sondern als Mittel für den Entwurf eingesetzt werden. In letzter Zeit ist es jedoch zur internationalen Mode geworden, klein- und großformatige, schwarzweiße oder farbige Zeichnungen auf Hochglanzpapier in sogenannten Architektur-Magazinen zu verbreiten.Ich persönlich zeichne gerne, lieber aber baue ich.

DIE SPRACHE DES ARCHITEKTEN IST DIE SKIZZE

Nulla dies sine linea! Wir können annehmen, daß der Römer Plinius mit diesem Satz die Skizzen und Zeichnungen der Architektur gemeint hat. Wenn man die Entwicklungsgeschichte der Architektur betrachtet, wird man feststellen, daß das Zeichnen seit jeher von großem Einfluß auf revolutionierende Entwicklungen war. Im 16. Jahrhundert war das Zeichnen mit dem Erfinden gleichgesetzt, mit dem Hervorbringen einer Idee, ja der Idee selbst, oder der Form der Dinge. Zusammen mit dem althergebrachten Begriff der Idee ordnet man der Zeichnung – dem Disegno – eine doppelte Rolle zu und unterscheidet zwischen Disegno interno und Disegno externo. Die erstgenannte Bezeichnung ist der innere Entwurf (Idee), der der Entwurfslösung vorangeht und unabhängig von ihr ist. Disegno externo ist die äußere, sichtbare Form der Vorstellung – die eigentliche künstlerische Darstellung des architektonischen Inhalts. Die Skizze als das Zeichnen von Konturen ist als symbolische Abstraktion zu verstehen. Leonardo da Vinci versicherte, daß es in der Natur Linien nicht gäbe, daß der Begriff Linie auf intellektuellem Wege entstehe und ein erster Entwurf sei, der zunächst für sich allein nichts beschreibe und erst im Zusammenspiel mit individuellen Chiffren eines Meisters Gehalt und Aussage bekomme. Die Skizze ist die erste und einfachste Art des Zeichnens, die den Gebrauch der Linie in ihrer reinsten Form zeigt und meist dem Umrißzeichnen gleichgesetzt wird. In der Umrißzeichnung sind die verschiedenen Aspekte eines

Objekts (einer Architektur) ohne die Wirkung von Licht und Schatten auf ein vereinfachtes ideales Ergebnis beschränkt. Skizzieren ist eine Art Nachdenken auf dem Papier. Die Sprache des Architekten ist also die Zeichnung. Man kann die Architekturzeichnung als dokumentierte Struktur ansehen, in der die Linie oder andere Chiffren nach dem Willen des Zeichners Zusammenhänge sichtbar machen.

Es gibt keine bestimmte Art und Weise, eine Zeichnung zu machen, es gibt nur das Zeichnen an sich. Paul Klee nannte das Zeichnen einen „denkerischen Vorgang". Für Matisse bedeutete es eine Möglichkeit, feinste Schwingungen und Regungen der Seele zu beschreiben, sich von Strich zu Strich vorwärts zu tasten, dem von der Linie ausgehenden Puls zu gehorchen und zu erfahren, wie sich eine Fläche teilt, einen Gegenstand umreißt oder die dritte Dimension andeutet. Diese Erfahrung gehört zu den elementaren Erlebnissen eines Zeichnenden.

Die Zeichnung, sei sie Skizze oder Plan, Konstruktion oder Konzept, Geste oder Reflektion, besitzt fast immer eine dienende Funktion. Selbst das fertiggestellte, ausgeführte Blatt Papier birgt die Möglichkeit weiterer Entwicklung.

Die Architekturzeichnung ist eine für die Ausführung von Bauten bestimmte Zeichnung. Architekturzeichnungen sind sowohl als Entwurfs- als auch als Werkzeichnungen von einzelnen Bauteilen seit dem Mittelalter in großer Anzahl erhalten.

Im Mittelalter wurden Werkzeichnungen oft nicht auf Pergament, sondern in den Fußboden des Bauwerkes, auf Mauerflächen oder im Holzgestühl des Daches eingeritzt. Während der Renaissance entwickelte Perspektivtechniken führten zu genauerer Anschaulichkeit der Architekturzeichnung. So haben die Zeichnungen von Entwürfen für die Peterskirche in Rom, beispielsweise von Rosselliono, Bramante und Michelangelo auch große Bedeutung für die historische Baugeschichte.

In den Architekturzeichnungen des Barock und des Klassizismus wird die zunehmende Freude an der räumlich wirkenden und farbigen Darstellungsweise deutlich ablesbar.

Durch das Erzeichnen (die skizzenhafte Erarbeitung) von utopischen Projekten werden nicht nur ständig Gedanken und Philosophien festgehalten und überliefert: Von den schöpferischen Akten bekannter und unbekannter Meister gingen zu allen Zeiten Impulse und Anregungen aus. Was wäre zum Beispiel die russische Revolutionsarchitektur ohne die Projekte und Zeichnungen eines Mjelnikow, Tatlin oder Lamzow? Wo bliebe die Entwicklung der technisch-ästhetischen Architektur ohne die Zeichnungen Toni Garniers (Cité industrielle) oder Antonio St. Elias? Wie bedeutend die Zeichnungen und Projekte der klassischen Moderne Otto Wagners und der Architekten der Wagner-Schule sind, beweisen die Rückgriffe der internationalen Architekturschulen von heute auf die Zeichenkultur und -techniken der Meister aus den ersten Jahrzehnten des 20. Jahrhunderts.

Die Architekturzeichnung wurde in der Zwischenkriegszeit auf ein Nebengleis einer vermeintlich abseitigen Spezialgattung der Kunstgeschichte abgeschoben, hat jedoch früher eine wichtige Rolle in der Geschichte der graphischen Künste gespielt.

Nach der Todeserklärung der durch den internationalen Stil so verteufelten modernen Architektur überkam uns in den letzten Jahren die sogenannte „Post-Moderne". Die aus Amerika eingewanderte, von Rob Venturi – dem Karl Valentin der Architektur – erfundene und so eifrig titulierte „Postmoderne Architekturströmung" ist jedoch keine. Sie ist ein von Charles Jencks listig propagierter Verlegenheitsbegriff für gebaute Stilzitate und Ansammlungen von Zierformen.

Kulissenarchitekten mit ihren zusammenkollagierten Bauten werden auch in Europa unter dem Deckmantel nostalgischer Sehnsucht kopiert und nachgebaut. Die Versuche akademisch trainierter Architekten mit intellektuellem Anspruch, die Geschichtslosigkeit durch historisierende Stilclownerei nachzuahmen, werden meist zu bebauten Parodien.

Einteilungspezialisten und Vermarkter vereinnahmen die unterschiedlichsten Baukünstler und versehen die Architektur der letzten Jahre mit dem Etikett „Post-Moderne". Sie meinen, das historische Formenvokabular, das schon zu Ende der eklektizistischen Ära zum Sammelsurium wurde, könne außerhalb seines Kontextes wiederverwendet und „zum Reden" gebracht werden. Diese buntgemalte und überschwenglich publizierte Architektur versucht durch ideologische Vermarktung und Rückgriff auf altes Vokabular Funktion und Inhalt zu vernachlässigen oder gar auszuschalten. Nicht die geistige Dimension, nicht der soziale Inhalt und nicht der kulturelle Stellenwert sind den Magiern dieser Szene des Augenmaßes wichtig, sondern die vordergründige Attraktivität. Aufdringlicher Firlefanz und kosmetischer Schwindel degradieren die Dimension zu einer Mini-Monumentalität. Man ersetzt Poesie durch Pathos.

Auf ein leeres Blatt Papier den ersten Strich zu setzen ist ein Abenteuer. – Ich bin ein Abenteurer.

Skizzieren ist abenteuerliches Nachdenken auf dem Papier. Ich freue mich auf jede „erste Skizze". Bei jedem Projekt habe ich viele „erste Skizzen". Die Skizze nimmt mir nicht die Freiheit, später, im Entwurfsprozeß, zu ändern oder auch einen ganz anderen Weg einzuschlagen. Für mich findet ein Entwurfsprozeß – oder was ich dafür halte – zunächst im Kopf statt. Ich stelle mir viele formale Möglichkeiten einer Gestaltgebung und Funktionserfüllung bildlich vor und versuche, diese Vorstellung kurzgefaßt und einfach zu Papier zu bringen (aufgezeichnete Chiffren). Viele Skizzen werden weggeworfen, Überlegungen anderweitig zusammengefügt und nach einem gewissen Zeitabstand anhand neuerlicher Skizzen überprüft. Die Skizze ist für mich Animation. Bei jedem Projekt habe ich zumindest zweimal Lustgefühle: das erste Mal bei der ersten Skizze, das zweite Mal bei der Fertigstellung des Baues. Ich skizziere gerne, ich zeichne gerne, ich realisiere gerne!

BAU IST KUNST – IST BAU KUNST?

Das Thema Ideologie und Kunst ist so alt wie neu und so kontroversiell wie vieldeutig. Es würde sicher weit besser von einem Kunstwissenschaftler oder Soziologen erörtert werden. Zunächst, zum besseren Verständnis, der Versuch einer Definition: Ich betrachte Ideologie nicht als reine Theorie oder Unwirklichkeit, sondern als die, bestimmten Gesellschaftsschichten oder politischen Interessengruppen zugeordneten Denkweisen und Wertvorstellungen, die zur Rechtfertigung oder meines Dafürhaltens zur Verhüllung der wirklichen Absichten dienen. Wenn nun die Gesellschaft aus mehreren sozialen Schichten besteht, deren Interessen stark voneinander abweichen, bedienen sich die führenden Köpfe der Klassenideologie, die dann meistens als politische Programme formuliert werden. Diese Programme wiederum versuchen das Interesse der eigenen Klasse als das gemeinsame Interesse der ganzen Gesellschaft schlechthin darzustellen.

Das Ideologische in Sachen Kunst besteht in den Ideen- und Wertprinzipien, die Einfluß auf die Zweckerfüllung einer gesellschaftlichen Ordnung ausüben. Kein Gesellschaftssystem jedoch ist nur durch eine Ideologie allein geformt. Das Ideologische wirkt lediglich als Resultante von verschiedenen grundsätzlichen ideologischen Richtungen. Das ist das Dilemma der Kunstschaffenden und der Kunstkonsumenten.

Daß man die Architektur seit alters her zu den schönen Künsten rechnet, daran wagt heute kaum jemand noch zu glauben. Und der hehre Streit, den alle

Klassiker noch mit Leidenschaft ausfochten, welche der drei bildenden Künste – Malerei, Bildhauerei, Architektur – denn die allerschönste sei, ist längst begraben. Der Streit, ob die Architektur zur Wissenschaft, zur Technik oder zur Kunst zu zählen ist, ist ebenfalls müßig. Sie wird von allen drei Kriterien bestimmt, und in der üblichen Spezialisierung und Differenzierung der Wissenschaft und der Künste stellt die Architektur ein spärliches Reservat der Universalität dar.

Die bisher übliche Praxis der Vermittlung künstlerischer Produktion an die Gesellschaft in Form von Ausstellungen, wie sie von einzelnen Institutionen, Museen und Galerien präsentiert wird, sieht sich in den letzten Jahren einer ständig wachsenden kritischen Befragung ihrer Effektivität und ihrer Ziele ausgesetzt.

Die heutige (bildende) Kunst hat sich von den überlieferten Theorien des ästhetischen Vergnügens abgewandt. Sie begreift sich nicht mehr als Stimulant kulinarischer Sensibilität, sondern versucht vielmehr, das Verhältnis von Mensch und Umwelt kritisch zu klären und zu beeinflussen. Damit nimmt sie die Rolle eines veränderungsstrategischen Promotors für sich in Anspruch, der mit der Aktivierung des Prozesses ständiger Aneignung von Realität dazu beiträgt, daß sich innerhalb der kollektiven Umweltstruktur der Mensch als eigenverantwortliches, selbstbewußtes Wesen entwickeln kann. Dies wiederum gefällt – und mißfällt – den politischen Machthabern gleichzeitig. Die sogenannten „Kunstideologen" unter den Politikern geben vor, für die Kunst und die Künstler zu sein. In Wahrheit degradieren sie nämlich die Künstler durch ideologische

Alibihandlungen zu Sherpas von fragwürdigen Gipfel-
besteigungen.

Eine dieser Unternehmungen ist im österreichischen Parlament über die Bühne gegangen: Die sogenannte „Verankerung der Kunst in die Verfassung". Alle
parlamentarischen Parteien und deren Vertreter gaben
sich liberal wie noch nie zuvor und verkündeten mit
Ideologietönen und -untertönen, daß die Kunst durch
die Verankerung in der Verfassung in dieser Republik
nun endlich frei sei. Der Abgeordnete Karl Blecha
sprach sogar salbungsvoll von der „Flamme der Kunst"
und von der „Pflanze, die die Türen aufbricht".

Nicht nur Parlamentarier, auch Repräsentanten anderer politischer Gremien und Organisationen stellen
an die Spitze ihrer ideologischen Tätigkeiten den
Drang nach organisierter Kunst, d. h. nach mehr Staat.
Es wird organisiert, propagiert, manifestiert und seit
kurzem auch partizipiert. Auf der Strecke aber bleibt
die Freiheit des Einzelnen, die Einzelpersönlichkeit in
Sachen Kunst. Die bildende Kunst, die Malerei, die
Bildhauerei und die Architektur werden durch verschiedene Plädoyers in die Zwangsjacke einer Staats-
kunst gezwängt. Monumentale Wandgemälde in monumentalen Eingangshallen, Monumentalbauten, giganti-
sche, pathetische Mammutprojekte dokumentieren den
Verlust an Maßstab und reduzieren den individuellen
Stellenwert des Einzelnen in der Gesellschaft. Durch
Fehlplanungen entsteht eine falsche Rangordnung für
die Menschen und die Umwelt. Nicht zuletzt deshalb,
weil die technisch-bürokratischen Entscheidungen
und Lösungen stark zentralistisch geprägt sind und

sich in Bevorzugung von Großtechnologie und Groß-
institutionen ausdrückt. Alles aber, was dezentralisiert,
klein, maßstäblich und menschennah ist, erscheint aus
der Sicht der organisierten Großbauherren als nicht
brauchbar zur Gängelung der Bürger und deshalb nicht
brauchbar zur pathetischen Selbstdarstellung.

Die Vertreter der anonymen Großbauherren meinen, daß Bewunderung an sich die Menschheit sprach-
los macht. So wird die alte Despotenregel wieder ge-
pflogen: Willst Du das Volk zum Schweigen bringen,
dann laß die Steine sprechen. So kommt es zu Fehlplanungen wie dem AKH, der Großfeldsiedlung oder
dem Wohnpark Alt-Erlaa.

Da man für die Zukunft immer aus der Vergangenheit lernen kann und sei es auch nur die Tatsache, daß
die Vergangenheit ganz anders war als die Gegenwart
und Zukunft, so gilt zunächst, sich daran zu erinnern,
daß Kunst immer ein sichtbarer Faktor der Gesellschaft
und somit ein wichtiges Instrument der Impulsgebung
und Motivation war.

Die Architektur stellt unverzichtbare Ansprüche
und kann nicht auf den Architekten allein bezogen
sein. Von den Politikern als Auftraggeber ist deshalb zu
verlangen, aus den Ansprüchen nach besserer Lebensqualität auch die Konsequenzen durch Forderung nach
besserer Qualität im Bauen zu erzielen. Von den Medien
wiederum ist zu verlangen, daß sie durch qualifizierte
Kritik an der verfehlten Mammut-Bauideologie ein
Korrektiv darstellen und architektonische Irrwege auf-
zeigen mögen. Die Aufgabe der Bauherren und der
Architekten selbst ist das Bauen für eine menschen-

bezogene Umwelt, nicht nur für Gigantomanie und Technokratie.

Das Bauen für den Menschen findet vor allem in den kleinen Dingen statt. Die bescheidenen maßstäblichen Dinge sind es, die Not tun, gepflegt zu werden, nicht die Paläste und Energieverschwendungsmaschinen, Versicherungsburgen oder Amtshäuser – ganz zu schweigen vom fortschreitenden Verlust all jener künstlerischer Äußerungen, die ohne bewußte Absicht nicht im Dienst eines Auftraggebers entsteht, die nicht einer äußeren gesteuerten, sondern der inneren Stimme folgen. Die Zukunft, so meine ich, wird uns zur Bescheidenheit und zu mehr Kulturbewußtsein zwingen. Einer monumentalen Pseudoarchitektur genügen Parteipolitiker, die in Wahlperioden denken. Eine Kultur im Bauen aber bedarf Staatsmänner, die in Generationen denken. Die Architektur als Baukunst ist der Ausdruck gesellschaftlicher Zukunftsperspektive, denn entweder wir gestalten unsere Zukunft oder wir haben keine!

BAUEN ALS KULTURAUFGABE

Die Geschichte der Menschheit ist zu einem wesentlichen Teil auch Baugeschichte. Die großen Epen der Menschheit sind erfüllt vom Ruhm der Städtegründer; der Mythos der Geschichte hat durch sie seine frühesten Helden und seine ältesten Themen gefunden. So erfanden wir Baugeschichte als Weg und Ziel zur geschichtlichen Persönlichkeit unserer Städte. Kulturelles Bauen will besagen, daß jeder Bauende in die natürliche Welt eingreift und somit die Grundbefindlichkeiten des Menschen verändert. Bauherr, Planer und Architekt müssen deshalb das anthropologische Maß finden. Kulturelles Bauen heißt also Bauen in der Verantwortung für den einzelnen Menschen und seine soziale und politische Natur. Kulturelles Bauen soll und darf nicht eingegrenzt werden auf die Errichtung von Kulturbauten wie Theater- und Opernhäuser, Kirchen, Museen, Galerien usw. Wir sprechen von Baukultur, Stadt- und Wohnkultur, von der ästhetischen Formsprache unserer Häuser, von Straßen und Plätzen. So dürfen wir, zumal wenn wir Bauen als kulturelle Leistung begreifen wollen, den Rahmen für kulturelles Bauen erweitern. Ich würde darunter alle Anstrengungen verstehen, die darauf abzielen, unserem Leben, unserer Arbeit, dem Wohnen und Erholen, unserer individuellen und sozialen Existenz eine humane Form innerhalb der urbanen Umwelt zu ermöglichen.

Die Baukunst ist die allgemeinste Form der Kultur. Sie hat bis zur Erfindung der Buchdruckerkunst allen anderen Künsten ihre gesellschaftliche Wirkung und Zuordnung verliehen. Zur Zeit sind wir noch unsicher, welche architektonischen Symbole für die Lebensäußerungen unserer Zeit signifikant sein werden. Kunst und Technik stehen zueinander in einem dialektischen Gegensatz: der handwerklichen Fertigkeit werden kunsthandwerkliche Attribute zugeschrieben. Da unser Verhältnis zur Natur, zum geschichtlichen Bauerbe, zur Stadt, aber auch zur technischen Umwelt im Umbruch ist, stoßen die baugeschichtlichen Fortschritte an ihre künstlerischen Grenzen; die technische Machbarkeit fast aller Versuchungen der Phantasien und wilder Experimentierfreudigkeit verführen in die Maß- und Grenzenlosigkeit und damit zur Krise unserer Kultur.

Hans Sedlmayr beschreibt dies mit dem „Verlust der Mitte". Mitte und Maß, Form und Gestalt werden expressionistisch irrational angefochten und ideologisch in Frage gestellt. Baukünstlerische Ereignisse, insbesondere die Diskussion um moderne Kulturbauten jüngster Vergangenheit, haben dazu beigetragen, daß Architekturthemen zunehmend in der breiten Öffentlichkeit diskutiert werden. Architekturthemen sind – wer möchte es bestreiten – zu gesellschaftlichen, politischen und sozialen Themen unserer Zeit geworden. (Allerdings sie sind es, bewußt oder unbewußt, schon immer gewesen.)

Heute werden Konflikte unterschiedlicher Weltanschauungen und Lebensformen öffentlich ausdiskutiert, da das moderne Leben durch den Pluralismus bestimmt wird. Pluralismus im Alltagsleben ist aber nur deshalb zu ertragen, weil demokratischer Grundkonsens einen ordnenden Rahmen gibt, über den nicht mehr diskutiert zu werden braucht. Wo alles erlaubt scheint und die Beliebigkeit an die Stelle ordnender Verpflichtung und haftender Verantwortung tritt, kann nichts Gutes gedeihen, und am wenigsten gültiges Kulturwerk. Man sagt, daß es heute auch einen Pluralismus an Architekturstilen gibt, wie es auch für die Gesamtheit unserer Lebensumstände keinen einheitlichen Kulturbegriff mehr geben kann. Diskussionen über Architektur und andere kulturelle Themen in Fachkreisen und darüber hinaus in der breiten Öffentlichkeit können deshalb gar nicht wichtig genug genommen werden.

Die Demokratie als Bauherr hat es wesentlich schwerer als früher Könige, Fürsten und Bischöfe, denn es fehlt die personelle Verantwortung für Bauprogramme und Gestaltung, eben der Bauherr. Die Gemeinde-Demokratie hat sich in Zusammenhang mit den Entscheidungen über Neubauten unterschiedlicher Nutzung als höchst ungeeignet erwiesen. Die Politik aber kann die Entfaltung der Baukunst sehr wohl fördern.

Bauen ist auch – und vor allem – eine Frage der Ästhetik. Ästhetik heute: Ist das nicht bloß mehr Ästhetik einer entfremdeten Welt, Ersatzstoffe, Schönheit aus zweiter Hand gewissermaßen?

Die von den Modernen herbeigesehnte Ästhetisierung des Lebens hat sich, ganz anders nur als ihre Protagonisten dies wollten, tatsächlich ereignet. In ihr degeneriert Schönheit zu einem Verkaufsargument. Ästhetik heute ist Warenästhetik, ist Täuschungsmanöver. Wo nichts mehr ist, da muß die Verpackung alles sein: Schönheit als Glanz der Waren.

Das Projekt einer Ästhetisierung aller Lebensbereiche, von dem die Moderne seit ihrem Aufbruch träumt, die Vision einer Welt der Ordnung und der Harmonie, geriet in Widerspruch zur Realität einer dem Dasein fremden Perfektion. Karl Popper hat eindringlich gewarnt: Ästhetizismus wie Radikalismus verführen zwangsläufig dazu, die Vernunft über Bord zu werfen und durch die verzweifelte Hoffnung auf Wunder zu ersetzen.

Der Mangel an organisiertem Raum, geäußert vom Bauherrn, veranlaßt den Architekten, Ideen zu produzieren. Solange er sie nur auf ein weißes Blatt Papier skizziert, ist er einsam, aber ungestört. Noch muß er keinerlei Rücksicht auf Kostenminimierung nehmen, er läßt sich allein vom Streben nach sinnlich schöner Architektur leiten. Sein Ziel ist es, ein neues Zentrum zu schaffen. An seinem Arbeitsplatz nimmt er die Gefühle der Menschen vorweg, die dieses Zentrum benützen werden. Sie sollen sich in den Wohnungen, die er mit ein paar flüchtigen Strichen markiert, wohl fühlen, sie sollen in dem skizzierten Betrieb gerne arbeiten und nicht nur die Aufführung, sondern auch den baulichen Rahmen des projektierten Theaters genießen können.

Doch den Bauherrn, meist Verwalter fremder Gelder, interessieren keine schönen Skizzen, ihn interessieren nur nüchterne Pläne. Zwar will er sich als Erbauer eines Zentrums einen Namen machen, doch die Sorge um das Schöne plagt ihn nur wenig. Seinem Verlangen nach überschaubarer Kalkulation kommt der Architekt entgegen, indem er in den weißen Mantel des Technikers schlüpft. Nun muß er allerlei Überzeugungskraft, Wissenschaft und Tricks aufbieten, um möglichst viel Schönes in den Ausführungsplan hinüberzuretten. Seine Verantwortung ist groß: kommt er – nicht zuletzt aus materiellem Interesse – dem Bauherrn zu sehr entgegen, entsteht lediglich eine Architektur nach dem Raster statistisch vorgegebener Daten. Man sieht ihr auf den ersten Blick die Planung auf Endlos-

Donau-Zwilling, Wien-Donaustadt, Entwurf 1993, Modell.

Bundeskunsthalle Bonn, 1986-1992, mit Säulen deutscher Kultur.

ÖMV Hochhaus, Wien, Donaulände, 1992.

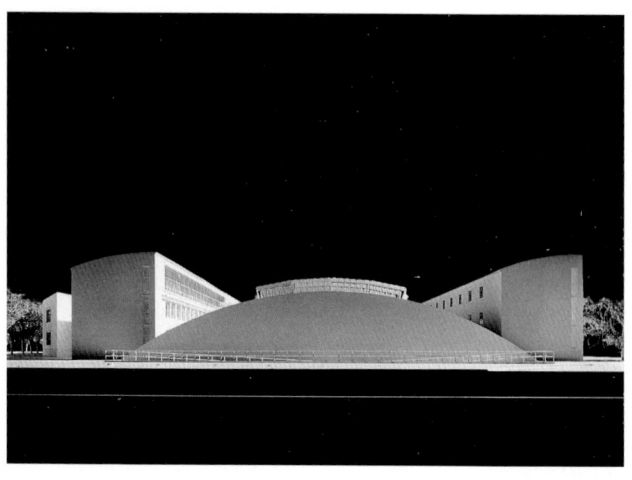

Schule in der Ocwirkgasse, Wien, 1993, Modell.

Probebühne für das Burgtheater, Arsenal, Wien, 1990-1993.

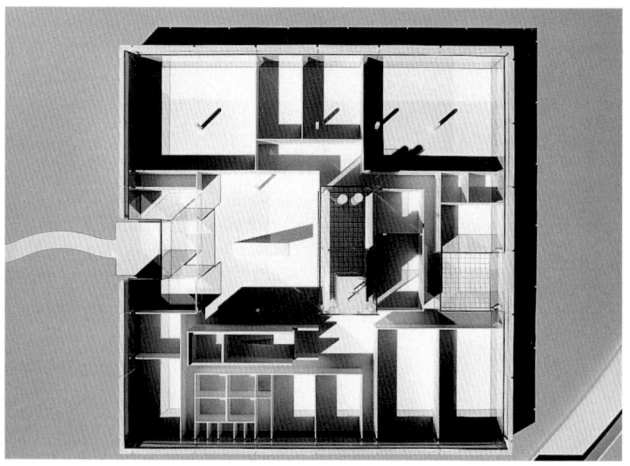

Oben und unten: ORF-Landesstudio Niederösterreich, St. Pölten, 1994, Modell.

Landvilla Wienerberg, Wien-Favoriten, 1985.

Erweiterung des Wilhelm-Busch-Museums, Hannover, Georgengarten, 1995, Modell.

papier an – Langweilige, öde Routine – , eine Kriegs-
erklärung fürs Auge. Die Kostenüberschreitung blieb
zwar im Rahmen, die Termine wurden im wesentlichen
eingehalten, aber es ist ein unsinniger Bau entstanden, der die Benutzer nicht erfreut. Sein einzig erkenn-
barer Zweck ist die Batteriehaltung von Dienstboten.

Als unverbesserlicher Optimist vertrete ich die
Ansicht, daß das Wünschen immer noch am meisten
hilft. Daher wünsche ich mir einen Bauherrn, der sich
seinen Architekten selbst aussucht, statt sich ihn „zuteilen" zu lassen. Er betrachtet Bauen nicht bloß unter
dem Aspekt der Bedarfsdeckung und der Einsparung
von Budgetmitteln, sondern fordert neben der
Funktionserfüllung auch architektonische Qualität.
Wegen seines ausgeprägten Kulturbewußtseins verlangt er bis ins kleinste Detail ausgereifte Architektur.
Er stellt dadurch höchste Ansprüche an meine
Kreativität und tritt als Impulsgeber für eine fortschritt-
liche Architektur auf. Strenge Freundschaft sollte unser
Verhältnis bestimmen.

Mein strenger Freund, der Bauherr, verlangt von
mir nicht weniger als die Gestaltung und geistige
Bewältigung des gesamten Lebensraums der betroffenen Menschen. Diesem überwältigenden Anspruch
kann nur genügen, wer Künstler, Wissenschaftler und
Techniker in einer Person ist: Der Künstler in mir
zwingt mich, durch mein Werk Emotionen zu erzeugen.
Wissenschaft und Technik sagen mir, wie ich dies am
besten erreiche, ohne den Zweck des Zentrums zu be-
einträchtigen. Die Vereinigung von Kunst, Wissenschaft
und Technik, der Hang zur Universalität machen den

Beruf des Architekten zu einem lustvollen Dauer-
ereignis.

Zum heutigen Zustand konnte es nur deshalb kommen, weil der Bauherr von heute kein Herr mehr ist.
Der Bauherr – als Eigentümer der Mittel – ist schuldiger
als der Architekt. Allmächtige Bauherren sind heute
meist staatliche oder kommunale Einrichtungen, Ban-
ken oder Versicherungsanstalten. Entscheidungen über
Planungsvorhaben werden in Gremien und Aus-
schüssen getroffen, wobei die Anonymität der Bau-
herrschaft unweigerlich zum Qualitätsverlust führt.
Gute, bahnbrechende Architektur verlangt Mut. Anonymität fördert Feigheit. Ein Gremium aus hundert
Nobodies wird sich nie gezwungen sehen, eine mutige
Entscheidung zu fällen.

Die Sicherheit, mit der in früheren Zeiten Neues zu
Altem gefügt wurde, ist heute verlorengegangen. Das
Wissen um die Schönheit eines Ortes scheint verspielt,
und eine nach rein ökonomischen Kriterien ausgerich-
tete Denkweise greift um sich.

Ist ein Bauherr willens zu bauen und nicht nur willens, irgend jemandes Geld zu verbrauchen, so muß er
sich den Architekten suchen und nicht zuteilen lassen.
Auch der bestorganisierte offene Wettbewerb ist – wenn
auch ein notwendiges – nur ein Mittel rechtsstaatlicher
Transparenz, keinesfalls aber ein schöpferischer Akt.

Der öffentliche und anonyme Mammut-Bauherr
von heute baut nicht, er verbaut: Geld und Gegend. Für
ihn hat Bauen nur den Aspekt der Repräsentation, der
Bedarfsdeckung und der Ausschöpfung von Budgetmitteln, aber selten hat Bauen für den öffentlichen

Bauherrn den Aspekt des Bewirkens oder gar Erziehens. Die Bauherrn als Impulsgeber sind selten geworden.

Wer die prestigebewußten Wohnungen oder Häuser mancher Politiker von heute kennt, wundert sich weder über die Lederhosen-Häuschen in Bayerischen Landen noch über die maßstablosen uniformen Beton- und Glasmonster von Nord bis Süd.

Zehn Wünsche an einen Bauherrn:

1. *Ich wünsche einen Bauherrn mit ausgeprägtem Kulturbewußtsein.*

2. *Ich wünsche einen Bauherrn mit Bedürfnis nach qualitätsvollerer Architektur.*

3. *Ich wünsche nicht den anonymen Bauherrn, sondern den Bauherrn als Persönlichkeit.*

4. *Ich wünsche einen Bauherrn, der sich seinen Architekten aussucht und nicht zuteilen läßt.*

5. *Ich wünsche einen Bauherrn, der die ganzheitliche Funktion der Architektur erkennt und wahrhaben will.*

6. *Ich wünsche einen Bauherrn mit dem Willen zur Partnerschaft mit seinem Architekten.*

7. *Ich wünsche einen Bauherrn, der das Bauen nicht nur als Aspekt der Bedarfsdeckung und Ausschöpfung der Budgetmittel sieht.*

8. *Ich wünsche einen Bauherrn, der neben der Funktionserfüllung auch architektonische Qualität fordert.*

9. *Ich wünsche einen Bauherrn mit hohen Ansprüchen an Kreativität.*

10. *Ich wünsche einen Bauherrn, der als Impulsgeber für eine bessere Architektur auftritt und den Mut hat, darauf stolz zu sein.*

DAS IDEALE MUSEUM UND DIE IDEALE KULTUR

Alle reden und schreiben vom idealen Museum, dabei gibt es selbstverständlich kein Ideal-Museum, so wie es keine ideale Frau, nicht einmal einen idealen Mann gibt.

Museen sind sichtbar gemachte Tagebücher der Menschheit.

Es gibt gute Museen und schlechte Museen. Ein gutes Museum entsteht dann, wenn nicht nur die bloße Hülle mit nützlichen Funktionen geplant, die Herstellung preisgünstiger Geschoßflächen angestrebt wird und die Erfüllung von Raumanforderungen gegeben ist. Ein gutes Museum ist mehr als die Beherrschung von Normen und die Erfüllung baubehördlicher Vorschriften.

Im Alibiwind kultureller und gesellschaftlicher Erfordernissen wird diskutiert, delegiert, organisiert, administriert, soziologisiert und neuerdings auch partizipiert. Solcherart haben es die Planer von Kulturbauten schwer.

Die Diskussion über den Unterschied zwischen Kunstmuseum und Kunsthalle ist müßig. Selbstverständlich gibt es unterschiedliche Voraussetzungen, die wiederum den Unterschied im Planungsergebnis implizieren.

Ein Museum dient zur Bewahrung, Pflege und Präsentation von Kunstwerken. Der Schwerpunkt und Mittelpunkt eines Museums ist die Sammlung.

Die Kunsthalle dient zur temporären Präsentation von Kunstwerken oder Ausstellungsobjekten. Die Präsentation und Gestaltung der zu zeigenden Werke wechselt. Die Ausstellungshalle hat keine Sammlung, daher sind auch die restauratorischen Aufgaben andere als die eines Museums.

Aus diesem genannten Unterschied folgert selbstverständlich auch die unterschiedliche Behandlung der jeweils erforderlichen Nebeneinrichtungen. Dies alles sind Argumente, die den Unterschied von Museum und Hallen verdeutlichen und damit den Nachweis erbringen sollen, daß es auch in der Gestaltung und im äußeren Erscheinungsbild einen Unterschied geben muß.

Nimmt man als Architekt die modische Entwicklung, alle Bauaufgaben einfach in Containern ohne Gestaltungsvielfalt zu verpacken, nicht wahr, kommt man unweigerlich zu der Erkenntnis, die unterschiedliche Gestaltung einer Kunsthalle und eines Kunstmuseums ernst nehmen zu müssen.

Bei der Museumsgestaltung ist es wichtig, dem Kunstwerk weitgehend entgegenzukommen und eine Präsentation der zu zeigenden Werke größte Aufmerksamkeit zu schenken. Wichtig sind die Forderungen nach Raum- und Lichtqualität, ohne Verzicht auf Gestaltung, jedoch mit Verzicht auf unnötige Dekorationen.

Die Lichtqualitäten bestimmen weitgehend den Ausstellungsraum, aber auch die Nebenräume, wie Eingangszone, Foyer, Restaurant, Vortrags- und Aufenthaltsräume.

Ein gutes Museum – oder eine gute Ausstellungshalle - soll verschiedene Räume mit verschiedenen Lichtvorgaben (sowohl Tages- als auch Kunstlicht) ha-

ben. Erfahrungsgemäß wird von den Ausstellungs-
leitern oder „Ausstellungsmachern" eine Dreiteilung
der Lichtqualitäten angenommen: Ein Drittel der
Räumlichkeiten soll Oberlicht (Skylight), ein Drittel
Seitenlicht (Fenster) und ein Drittel Kunstlicht (konser-
vatorische Anforderungen) enthalten.

Was ist ein Museum?
- *Ist ein Museum ein elitärer Bewahrungsort für Kunst? –
  Nein*
- *Ist das Museum ein Container für Kunstmaterial? – Nein*
- *Ist das Museum eine Bildungseinrichtung mit modernen
  Informationssystemen? – Nein*
- *Ist das Museum ein Forum für Spektakel? – Nein*
- *Ist das Museum ein Treffpunkt für Kunstdebattierer? –
  Nein*
- *Ist das Museum eine Spielwiese für designbewußte
  Architekten? – Nein*
- *Ist das Museum ein Platz für Ruhe und Besinnung? –
  Nein*
- *Ist das Museum ein Ort des Staunens? – Nein*
- *Ist das Museum ein Spielort für die Jugend? – Nein*
- *Ist das Museum eine Bühne für eitle Selbstdarsteller? –
  Nein*
- *Ist das Museum ein Hort der Phantasie? – Nein*

Was dann? – All dies zusammengenommen! Und genau
das macht die Aufgabe für den Architekten so schwie-
rig, aber gleichzeitig auch so reizvoll und die Zusammenarbeit mit den Künstlern und Kunstvermittlern
so interessant.

Es ist müßig und überflüssig zu diskutieren, ob die Architektur der Kunst, der Technik oder gar der Wissenschaft zuzuordnen ist. Die Architektur wird von allen drei Disziplinen getragen. Jedenfalls ist der Stellenwert der Kunst aus der Arbeit des Architekten nicht zu eliminieren.

Überflüssig, jedoch heiter ist es zu diskutieren, ob es eine „demokratische Architektur" gibt, wie es viele Architekturschreiber landauf, landab in letzter Zeit propagieren. Heiter deshalb, weil die Behauptung „Glas ist transparent – Demokratie hat transparent zu sein" zur Annahme führen kann, daß Glasarchitektur eine „demokratische Architektur" sei. So werden diese Begriffe der mühseligen Architekturdefinition weiter für Unterhaltung sorgen und dabei Architekten und Bauherren verwirren.

Dies alles hat Gültigkeit für die sogenannte Museums-Architektur, die wiederum verwechselt wird mit dem Begriff „Ausstellungs-Architektur", und um die Verwirrung komplett zu machen, werden Kunsthalle mit Kunstmuseum immer wieder verwechselt, da eine Definition des Unterschiedes so schwer zu verstehen ist.

Von den Kunsthistorikern und Konservatoren werden gänzlich verschiedene Beleuchtungs- bzw. Belichtungsstärken für heikle Ausstellungsobjekte vorgeschlagen. Tageslicht besitzt bei ausgezeichnetem Farbwiedergabewert einen hohen UV-Anteil und unterliegt starken tageszeitlichen und witterungsmäßig wirksamen Schwankungen. Dadurch ergibt sich, daß Öffnungen für den Eintritt von Tageslicht mit

Vorrichtungen ausgestattet werden müssen, die imstande sind, den Lichteinfall zu steuern und somit ein regelmäßiges Beleuchtungsniveau sichergestellt wird.

In einem Museums- oder Ausstellungsraum – der Unterschied ist eklatant, hier eine regelmäßige, nicht an Veränderungen gebundene Präsentation von Bildern oder Plastiken, dort ein möglichst flexibel und veränderbar zu handhabender Raum mit Austellungsmöglichkeiten verschiedener Kategorien – soll nicht eine effektvolle planlose oder gar geschmäcklerische Anstrahlung von Objekten angestrebt werden, sondern eine dem Maßstab und menschlichen Sinne folgende Beleuchtung, je unauffälliger und ausschließlich für die Exponate wirkende Beleuchtung, desto besser. Lichttechnische Einrichtungen oder Werkzeuge für Kunstlicht sollten nicht augenfällig in Erscheinung treten, sondern eher geordnet und zurückhaltend im Raum installiert sein.

Je bescheidener und zurückhaltender die lichttechnischen Maßnahmen für ein Ausstellungsgebäude konzipiert sind, desto besser – und für den Betrachter von Kunstwerken angenehmer – ist die Wirkung eines Museums- oder Ausstellungsraumes. Dies gilt ebenso für Foyers, Hallen und andere Räume, in denen Wohlbefinden zum Ausdruck kommen soll.

DER KREIS IST ÜBERALL

Der im allgemeinen länglich gebaute Mensch kann ohne Kreise nicht leben. Angeborene Kreisformen wie Pupille, Iris und Blutkörperchen sind ihm kaum bewußt. Nach dem runden Bild von Sonne und Vollmond hingegen stellt der Mensch die verschiedensten Gegenstände her. Die Anlage prähistorischer Kultstätten erfolgte kreismäßig, und groß ist die Zahl der Architekten, die im Lauf der Geschichte den Kreis als bestimmendes Grundrißelement verwendeten.

Das Kind hat eine vergnügliche Beziehung zum Kreis und dessen Verwandte Reifen, Ring und Kugel: Es erfreut sich am selbst produzierten Mondgesicht und an leckeren Torten, spielt Ball und Frisbee und fährt mit dem Ringelspiel. Früher trieb es auch den Reifen und war der Hula-Hoop-Mode verfallen. Es bevorzugt Münzgeld vor Banknoten, mit denen man weder „Anmäuerln" noch „Pfitschigogerln" kann. Das gewesene Kind (wie Karl Valentin sich selbst als Erwachsenen bezeichnete) erfährt einen Großteil von Stadt und Land auf Rädern rollend, dreht am Volant, gelenkt von kreisförmigen Verbotszeichen und Ampellichtern und beachtet die Regeln im Kreisverkehr. Auch bei manchem Spiel benützt der Erwachsene kreisförmige Gegenstände, seien es die Steine bei Go oder Dame oder Kessel und Jetons beim Roulette. In rechteckigen Wohnungen verwahren die Menschen ihren kreisförmigen Hausrat, von der Untertasse bis zur CD.

Ein Netz aus Kreisen teilt die Erdkugel ein. Die Windrose hilft bei der Orientierung. Ein Wanderer ohne Kompaß verirrt sich leicht bei bedecktem Himmel: Er geht im Kreis und kommt an den Ausgangspunkt wieder zurück.

Das Prinzip des Kreises als der ewigen Wiederkehr dient dem Menschen zur Erzeugung von Kurzweil. Die Form des Kanons erfreut genauso wie Lieder wie *Ein Loch ist im Eimer, o Henry*. Auch Roseggers Geschichte vom Regenschirm, von dem man nicht weiß, ob man ihn mitnehmen soll oder nicht, ist in diesem Zusammenhang anzuführen.

Unbehagen hingegen bereitet der Anblick des Kreises in Form der Mündung einer Feuerwaffe, die auf uns gerichtet ist. Der Schütze zielt auf die Ringscheibe. Präzisionswaffen haben eine Zieloptik mit Fadenkreuz.

Nicht jeder Freundeskreis wirkt sich immer günstig aus: Die Angehörigen gewisser Kreise kommen mitunter in den zweifelhaften Genuß eines Rundgangs im Gefängnishof.

Die besseren Kreise sind bestrebt, unter sich zu bleiben. Sie wollen keine Elemente eindringen lassen, die ihre Geborgenheit stören könnten.

Nicht alles, was am Runden Tisch beschlossen wurde, verlauten wohlunterrichtete Kreise – daher machen so viele Gerüchte die Runde.

Pfadfinder und Eingeborene hocken im Lichtkreis des Lagerfeuers, der Romantik wegen die einen, die anderen zum Schutz vor Raubtieren.

Ewig ist der Kreislauf des Wassers. Der Blutkreislauf kollabiert und endet oft abrupt. Im Kreis der Hinterbliebenen wird beschlossen, von Kranzspenden Abstand zu nehmen. Wer Arbeitskreise zur Erforschung der Quadratur des Kreises oder der Gesetze des Zirkelschlusses einberuft, muß damit rechnen, im runden Zimmer zu landen.

Nicht jeder Kreis entsteht nach der klassischen Definition: Die römische Dichtung beschreibt die Sichel des zunehmenden Mondes als Rinderhörner, deren Spitzen aufeinander zuwachsen; treffen sie zusammen, sieht man den Kreis des Vollmonds.

Allein oder in Kombination mit anderen Elementen ist der Kreis wesentlicher Bestandteil der Symbolik. So dient er zur Bezeichnung von Begriffen wie Ying und Yang (männlich/weiblich). Der Maler freut sich, wenn möglichst viele Bilder seiner Ausstellung den roten Punkt tragen.

Goethe vermerkte seine Treffen mit Frau von Stein in den Tagebüchern mit dem astrologischen Sonnenzeichen. Staaten mit unterschiedlichen politischen Systemen wie Bangladesch, Indien, Japan, Nordkorea, Laos, Niger, Uganda und Zaire zeigen den Kreis in ihren Flaggen. Rad, Zylinder, Röhre und Kugel sind unabdingbare Maschinenelemente. Konzentrische Kreise unterstützen unsere Vorstellung vom Aufbau der Atome.

Sputnik, der erste künstliche Erdtrabant, war bekanntlich kugelrund. Zu verschiedensten Zwecken umkreisen seine zahlreichen Nachkommen unseren Planeten. Und aus dem Dunstkreis der Science fiction kommen fliegende Untertassen und ganze künstliche Welten in Kugelform auf uns zu. Schalt- und Schwingkreise regeln das Wäschewaschen wie auch die Nachrichtenübertragung.

Die Tierfreunde begrüßen es, daß heute keine Arbeitspferde mehr im Kreis laufen müssen und verdammen die Verwendung des Nasenrings bei der Stierhaltung. Der Ring als Sohn des Kreises soll die Beständigkeit der ehelichen Beziehung symbolisieren. Zum Zeichen der Wertschätzung werden Ehrenringe und Medaillen verliehen. Generationen von Schülern wurde empfohlen, sich an der Lessingschen Ringparabel zu ergötzen – auf den Kaukasischen Kreidekreis von Bert Brecht wurde schon weniger Wert gelegt.

Kreisrunde Nickelbrillen bekundeten einst die Zugehörigkeit ihres Trägers zu bestimmten Intellektuellenkreisen. Schon ein kurzer Blick durch ein geeignetes Fernrohr kann den Kreis der Interessenten überzeugen: Der Ring des Saturns ist noch vorhanden. Ring-Straßen gibt es zum Beispiel in Wien, Graz und Moskau. Deutschland kennt die verwaltungsmäßige Einteilung nach Landkreisen, und in Österreich gibt es Kreisgerichte. Die Befürworter eines humanen Strafvollzuges sind dagegen, daß man den Delinquenten aufs Rad flicht. In der Welt der Mode erscheint der Kreis als Halskrause oder Schönheitspflästerchen. Reigen und Totentanz sind schon lange passé. Zu Recht in Vergessenheit geraten sind ferner die Kreisleiter, weil sie dem falschen Symbol im weißen Kreis dienten.

Lange Zeit dachte sich der Mensch die Erde kreisförmig; der Kreis war sein Symbol für die Welt als Ganzes. Noch heute zieht er seine Kreise um sich als Mittelpunkt und schließt darin all jene ein, die er als zugehörig betrachtet, um gleichzeitig alle auszuschließen, mit denen er nichts zu tun haben will.

Den Kreis als Grenze markiert er durch Eigen-
tümlichkeit der Sprache und Sitte. Überschneiden einander verschiedene Kreise, kommt es zu Konflikten
zwischen den Menschen. Auch Religionen zeigen die
Tendenz, sich kreisförmig auszubreiten.

Solange es die Menschheit gibt, wird es Kreis-
rundrisse geben, brauchbare und weniger brauchbare.
Das wundersamste am Kreis ist jedoch, daß seine
Quadratur nicht gelingt.

Noli turbare circulos meos.

BEKENNTNIS ZUR FORM

Immer wieder beflügelt der Streit um die Moden in der
Architektur die Architekturlehrer und -schreiber. Die
Diskussion, was Architektur überhaupt bedeutet, geht
quer durch die Reihen der Gelehrten. Das Lexikon ver-
rät uns, Architektur sei „Baukunst", was aber nur teil-
weise stimmt. Schriftsteller und Architekturkollegen
nannten die Architektur „Macht" oder „zu Stein gewor-
dene Musik". Besonders Verwegene rufen: „Alles ist
Architektur!"

Die oft diskutierte Streitfrage, ob Architektur
Kunst, Technik oder Wissenschaft sei, ist müßig. Diese
Fragestellung ist bestenfalls von methodischem Inter-
esse, denn Architektur kann man nicht einer einzelnen
dieser Kategorien zuzählen, sondern allen. Architektur
umfaßt nicht nur Kenntnis vom Bauen im wahrsten
Sinn des Wortes, sondern die Gestaltung und geistige
Bewältigung des gesamten Lebensraums.

So ist Architektur auf einen einfachen Nenner zu bringen: Architektur ist die Summe von Raum, Funktion, Form, Material, Farbe und Licht.

Das höchst Erforderliche ist das Bekenntnis zur Form. Schlichte Zweckerfüllung in der Architektur ist zu wenig, Phantasie muß Ansporn zur Gestaltung sein. In der Architektur sind unaufhörlich Veränderungen notwendig. Ebenso notwendig ist aber auch der Anspruch auf Qualität und damit Vermeidung modernistischer Ausritte.

In den letzten Jahrzehnten wurden Städte und Landschaften von beängstigenden Fehlleistungen verbaut. Die derzeitige Baumode ist ein Rausch von Gleichheit ohne festem Stil. So ist eine der groben Fehlleistungen in Sachen Architektur der um sich greifende Gestaltverzicht, der in der sogenannten „bescheidenen Architektur " einzig Langeweile erzeugt. Seit es die „postmoderne Architektur" und den „Dekonstruktivismus" gibt, tragen die Architekturmoden immer kürzere Ablaufdaten.

In der Architektur war er immer schon modern, der rechte Winkel. Raumkrümmungen oder kühne Diagonalen standen immer auf lotrechten, rechtwinkeligen Fundamenten. Der rechte Winkel, konstruiert aus Senkrechten und Waagrechten, gibt den Bauwerken optischen Halt und war Maßstab aller Bauwerke. Fehlt der Gleichgewichtssinn, weil die Wände von der Vertikalen abweichen, so entsteht eine provokante „Schick- und Schrägarchitektur".

Aktualitätsbezug ist notwendig, Qualitätsbezug jedoch unabdingbar. Architektur muß länger Bestand haben als publizierte Modeware. Auch wenn Architektenarbeit keine Affekthandlung eines Künstlers oder ein emotionaler Kraftakt ist, muß sie dennoch vom genius loci getragen sein. Architektur gibt es weder ohne Ratio noch ohne Emotion.

Jedes Haus hat „erogene Zonen". Diese aufzuspüren, ist die vornehmste und schönste Aufgabe eines Architekten.

Gustav Peichl, geboren 1928 in Wien, studierte an der Akademie der bildenden Künste bei Clemens Holzmeister. Seit 1956 selbständiger Architekt, seit 1973 Leiter der Meisterschule für Architektur an der Akademie der bildenden Künste in Wien. Zu seinen wichtigsten Werken zählen die Bundeskunsthalle in Bonn, die Erweiterung des Frankfurter Städel-Kunstinstituts und der Städelschule, die Neugestaltung des Kunstformus der Bank Austria in Wien und die Bauten der ORF-Landesstudios in Österreich.

Gustav Peichl ist Träger zahlreicher internationaler Auszeichnungen (Reynolds Memorial-Award, Mies van der Rohe-Preis, Berliner Architekturpreis, Ehrenmitglied des Bundes Deutscher Architekten und des Royal Institute of British Architects, Mitglied der Akademie der Künste, Berlin, Ehrenmitglied des American Institute of Architects).